Petra und Erwin Würth

Ein Menschenweg zum Kreuz

Ein Kreuzweg in 12 Stationen
in Anlehnung an Sprichwörter und Redewendungen

PLÖGER

Bibliografische Information Der Deutschen Bibliothek:

Die Deutsche Bibliothek verzeichnet diese Publikation in der Deutschen Nationalbibliografie; detaillierte bibliografische Daten sind im Internet über <http://dnb.ddb.de> abrufbar.

ISBN 3-89857-180-7

Texte: Petra Würth
Objekte: Erwin Würth
Fotos: Rainer Dietrich, Kaiserslautern
Gesamtherstellung: Plöger Medien GmbH, Annweiler

Inhalt

Vorwort

Kreuzwegstationen:		*Sprichwörter & Redewendungen:*
Verleugnung	1	Lügen haben kurze Beine
Verurteilung	2	In eine Schublade stecken
Nimmt das Kreuz auf sich	3	Vor den Karren spannen lassen
Er fällt unter dem Kreuz	4	Unter die Räder gekommen
Begegnung	5	Machtlos vis-à-vis
Simon von Cyrene	6	Den schwarzen Peter gezogen
Veronika reicht Jesus das Schweißtuch	7	Zeig mir dein wahres Gesicht
Seiner Kleider beraubt	8	Kleider machen Leute
Ans Kreuz genagelt	9	Aufs Kreuz gelegt
Kreuzigung	10	Der ist für mich gestorben
Grablegung	11	Träume begraben
Auferstehung	12	Wie neu geboren

Ein Wort zuvor

Seit Jahrhunderten schon betrachten die Gläubigen den Kreuzweg Jesu im Gebet.

Eine Gebetsform, die aus der Frömmigkeit der Menschen heraus entstanden ist, aus dem Wunsch, Jesus auf seinem letzten Weg nicht allein zu lassen, ihn zu begleiten und sich über Jahrhunderte hinweg entwickelt hat.

Menschen betrachten betend die Stationen des Leidens Jesu und fühlen sich verstanden und getröstet. Da war einer, der hat alles schon mitgemacht, was mir so schwer fällt, was mir an Leid und Schmerzen im Leben begegnet, ich bin nicht allein.

Dieses Grundbedürfnis nach Verständnis und Begleitung in schweren Lebenszeiten, findet sich auch heute bei den Menschen.

Allerdings habe ich bei mir selbst festgestellt, dass mir manche Begriffe des traditionellen Kreuzweggebetes fremd geworden sind, weil sie nicht mehr zu meinem Sprachgebrauch gehören. So entstand in mir die Idee, die Stationen des Kreuzweges in eine Sprache und Bilder zu bringen, die mir und meiner Zeit entsprechen.

Es war eine spannende Angelegenheit, Sprichwörter und Redewendungen als Überschriften für die einzelnen Stationen zu finden. Sagt man sie oft so schnell und unüberlegt daher, steckt doch in vielen eine tiefe Bedeutung.

In enger Anlehnung an die traditionell bekannten Kreuzwegstationen sind die Vorliegenden entstanden „Ein Menschenweg zum Kreuz“.

Lassen sie mich ihnen im Folgenden einige meiner Gedanken und Überlegungen nahe bringen, die mich bei meiner Arbeit bewegten.

Station 1:
Verleugnung – Petrus und der Hahn
– „Lügen haben kurze Beine“

Dieser Kreuzweg beginnt nicht mit der Verurteilung, sondern mit der Verleugnung Jesu durch Petrus. Das ist für mich Sinnbild für den Beginn allen Leids und Übels, das Menschen einander in Beziehungen jedweder Art zufügen, die Unaufrichtigkeit, Unehrlichkeit, Lüge – gegenüber sich selber und gegenüber den Mitmenschen.
Da will einer scheinen, was er nicht ist. Da entscheidet sich einer gegen seine tiefste Überzeugung, handelt gegen sein Gewissen, verrät was ihm am teuersten ist, aus Angst.
Der Schrei des Hahns erinnert ihn daran, es lebt sich schlecht mit der Lüge. Du kannst wohl nach außen die Fassade wahren, aber in deinem Innern wird sie dich einholen und dich unfrei machen, schneller als du denkst.

Station 2:
Jesus wird verurteilt
– „In eine Schublade stecken“

Da wird einer ausgegrenzt, geschnitten, abgeschnitten vom Leben, von der Gemeinschaft.
Einer wird gemobbt, bekommt seinen Stempel und seine Schublade und da bleibt er dann, für alle Zeiten. Wer uns unbequem ist, wird abserviert, man muss schließlich sehen, wo man bleibt – oder?

Station 3:
Jesus nimmt das Kreuz auf sich
– „Vor den Karren spannen lassen“

Jesus sagt „Ja“ zum Willen Gottes, er lässt sich vor den Karren spannen.
Geht es uns nicht oft so, dass wir Jesus einspannen, um unseren Karren in die Richtung zu ziehen, die wir für richtig halten?

Station 4:
Jesus fällt unter dem Kreuz
– „Unter die Räder gekommen“

Wie viele Menschen gibt es um uns herum die „fallen“ – die unter die Räder kommen.
Menschen die fallen gelassen werden, aus dem sozialen Netz fallen, nicht mehr leistungsfähig sind, die ihr Leben nur noch mit Hilfe von Alkohol, Drogen und sonstigen Suchtmitteln ertragen können. Eine Gesellschaft in der nur zählt, wer funktioniert, in der der Wert des Lebens gemessen wird, an Leistung, Kraft, Schönheit.

Station 5:
Jesus begegnet seiner Mutter
– „Machtlos vis-à-vis“

Eine Erfahrung, die wohl keinem von uns erspart bleibt: daneben stehen, nicht helfen können, bei Krankheit, Problemen, Verlusten. Unserer Ohnmacht und Hilflosigkeit ausgeliefert.
Seelische Schmerzen, die den Menschen durchdringen, wie ein Schwert.

Station 6:
Simon von Cyrene hilft Jesus das Kreuz tragen
– „Den schwarzen Peter gezogen“

Einer muss dran glauben – hoffentlich nicht ich! Gerne schieben wir den Schwarzen Peter weiter ohne dass es jemand merkt, Hauptsache wir stehen gut da. Gerne gehen wir schweren Momenten und Situationen aus dem Weg, als sie durchzuhalten und auszuhalten bei dem, der es schwer hat.

Station 7:

Veronika reicht Jesus das Schweißtuch

– „Zeig mir dein wahres Gesicht"

Wir haben Angst unser Gesicht zu verlieren, setzen eine Maske auf, damit keiner merkt, wie es uns eigentlich geht. Jesus mutet sich uns, in seinem Schmerz zu, versteckt sich nicht, wo bleibt unsere Wahrhaftigkeit?

Station 8:

Jesus wird seiner Kleider beraubt

– „Kleider machen Leute"

Die Soldaten mit den prächtigen Gewändern werfen mit gierigem Blick das Los um Jesu „letztes Hemd". Was können wir noch mitnehmen, wo können wir noch was rausholen, ohne Rücksicht auf Verluste?

Station 9:

Jesus wird ans Kreuz genagelt

– „Auf's Kreuz gelegt"

Das haben wir doch alle schon mal erlebt, dass uns einer aufs Kreuz legt! Wie oft haben wir schon jemanden aufs Kreuz gelegt?

Station 10:

Jesus stirbt am Kreuz

– „Der ist für mich gestorben"

All zu oft leichtsinnig dahingesagt, der ist für mich gestorben, mit dem will ich nichts mehr zu tun haben.
Jesus ist **für mich** gestorben.

Station 11:

Jesus wird ins Grab gelegt

– „Träume begraben“

Wieviele Träume und Erwartungen hatten die Menschen in Jerusalem beim Einzug Jesu am Palmsonntag? Vier Tage später ist alles aus, sie können ihre Träume zusammen mit dem erhofften Messias begraben.
Oft geht es uns doch ähnlich, dass unsere Träume und Erwartungen nicht erfüllt werden, Leben sich völlig anders entwickelt als wir es uns gewünscht hätten.

Station 12:

Auferstehung

– „Wie neu geboren“

Der Tod ist durchbrochen, der Stein weggerollt, die Dornenkrone abgelegt, das Grab ist leer. Das Samenkorn, das in die Erde fiel und starb, entwickelt sich zu neuem Leben. Aus grauer Trostlosigkeit, entspringt zartes Grün – ein neuer Morgen.
Eine Verheißung, die uns allen gilt.

Erwin Würth

1.

Lügen haben kurze Beine

Werde
wahrhaftig

steh zu dir
und zu dem
was dir wertvoll ist

werde wahrhaftig
sei dir treu

jede Lüge
spaltet deine Seele
entzweit
dein Herz
nimmt dich gefangen

was dich unfrei macht
ist in dir

sei
wahrhaftig

dann werden dich
auch Ketten von außen
nicht halten können

E.W. 09

2.

In eine Schublade stecken

Das geht schnell
wenn du anders bist

eh du dich versiehst
bist du draußen
vor der Tür
oder drinnen in der Kiste

einsortiert
ausgegrenzt
geschnitten

so schnell kommst du da
auch nicht wieder raus
da kann nur schwer
Neues werden
Leben fließen

aber auch du
hast Schubladen in deinem Kopf
für die Anderen

nicht urteilen
ist verdammt schwer

haben wir Mut
nehmen wir einander wahr und an
wie wir wirklich sind

dann werden wir uns
begegnen

3.

Vor den Karren spannen lassen

Welchen Karren willst du ziehen?

Welche Verantwortung
willst du übernehmen?

sage nicht
man
oder
die Umstände
hätten dich gezwungen

es ist deine Entscheidung

wer zu viele Lasten zieht
wird überlastet

wer jede Verantwortung meidet
wird verantwortungslos

es liegt an dir
wie du mit dir umgehst
es ist deine Entscheidung
wie du mit dir umgehen lässt

halte inne
spüre
was du wirklich willst
und dann
liebe

4.

Unter die Räder gekommen

Gnadenlos
wer nicht mitkommt
bleibt auf der Strecke

hilf dir selbst
sonst hilft dir keiner

ohne Rücksicht auf Verluste

ein falscher Schritt
und du wirst
unter den Teppich gekehrt

gescheiterte Existenz
am Nullpunkt angelangt

auf dem Altar
unseres Wohlstandes
opfern wir Mitgefühl
und Menschlichkeit

täglich
weltweit
und hautnah

5.

Machtlos vis-à-vis

Es gibt Momente im Leben
da kannst du
nur zusehen

du kannst den Lauf der Dinge
nicht aufhalten
und die Uhr
nicht zurückdrehen

nichts
kannst du ändern
alles Machbare endet hier

doch aufmerksam
im gegenwärtigen Moment
kannst du
sein

einfach
sein

neue Dimension
des Lebens

6.

Den schwarzen Peter gezogen

Warum ausgerechnet ich
wäre nur ein anderer
an meiner Stelle

immer ich

jetzt sind die Anderen mal dran

vielleicht könnte ich aber auch
Mitgefühl wagen

mitgehen
im Leid des Anderen

hin schauen
statt
wegsehen

wo wir uns gegenseitig so beschenken
werden unsere Beziehungen
tragfähig

7.

Zeig mir dein wahres Gesicht

Das ist gefährlich

du machst dich verletzbar
gibst ein deutliches Ziel ab

du könntest dein Gesicht verlieren

doch nur
wenn wir
unsere Masken ablegen
können wir uns wirklich
in die Augen sehen

nur so werden wir
für Augenblicke wenigstens
unseren Käfig verlassen und spüren
was es bedeutet
Vertrauen zu wagen
und
Beziehung zu leben
von Mensch zu Mensch

ansonsten
leben wir am Leben vorbei
werden einander fremd
und irgendwann
auch uns selber

doch das Risiko bleibt

8.

Kleider machen Leute

All zu oft sind uns Hüllen wichtiger
als der Inhalt

wir machen uns ein Bild
und dabei gerne etwas vor

unsere Wirklichkeit ist das
was wir sehen wollen

wir sind
sehenden Auges blind
und wollen es so

wir verkleiden
schmücken
behängen
weil wir nicht lieben
was und wie
wir sind

wenn es sein muss
ziehen wir andere aus bis aufs Hemd
gehen wir schon mal über Leichen

was wirklich zählt im Leben
lässt sich nicht
in bare Münze eintauschen

9.

Auf's Kreuz gelegt

Wie oft ist dir das schon passiert ?

du wurdest verraten und verkauft
ausgeliefert

hast Vertrauen gewagt
und verloren

sie kriegen dich klein
nageln dich fest
jetzt bist du dran

aber du warst auch schon
Zuschauer
und hast dich
natürlich heimlich nur
gefreut
dass es gerade den oder die
endlich mal erwischt hat
es muss doch Gerechtigkeit geben

die Nägel
die dein Fleisch zerstören
heißen
Neid und Missgunst

10.

Der ist für mich gestorben

Aus vorbei
die Sache ist gelaufen
ab heute ist der für mich gestorben

Schluss
bis hierher und nicht weiter

vor langer Zeit
gab es einen
der ging
noch einen Schritt weiter

er hat vollendet
was er angefangen hatte
und er hat es angefangen
obwohl er sich ausrechnen konnte
wie es enden würde

aber er hat sich nicht verrechnet

um wahrhaft zu leben
musst du
aufwachen und
dein Leben ins Spiel bringen

tust du es nicht
bist du tot
bevor du gelebt hast

11.

Träume begraben

Das kannst du vergessen
völlig unrealistisch
sieh den Tatsachen ins Auge
werd endlich erwachsen

was hatten wir nicht für Träume

von großen Dingen
was wollten wir nicht alles erreichen
alles sollte anders werden

aber dann
haben wir sie begraben
gezwungenermaßen
manchmal auch leichtfertig

doch
was hält unsere Sehnsucht lebendig?

was lässt uns aufstehen
und weitergehen
trotz allem

geben wir
unserer Seele
die Flügel zurück

12.

Wie neu geboren

Ins Licht
emporgehoben

werden wir
neue Schöpfung

unvorstellbare
Wirklichkeit

wie neu geboren

schon heute

und dann
am Ende
des Lebens
vollendet

wir sterben
hinein
ins Leben

hoffnungsvolle
Verheißung

Erwin Würth

geboren 1964 in Landau/Pfalz. Von Beruf Schreiner mit Sonderpädagogischer Zusatzausbildung. Seit 1991 arbeitet Erwirn Würth als Betreuer in der Pirminiuswerkstätte Pirmasens mit psychisch Kranken im Schreinereibereich. Verheiratet mit Petra Würth, beide leben mit ihren Kindern in Petersbächel/Pfalz.
Ab 1991 künstlerisch tätig. Durch Zufall entdeckt er sein Talent, das er mit dem Begriff „HolzArt“ überschreibt. Einzelausstellungen und Gemeinschaftsausstellungen in Deutschland und Frankreich. Ständige Ausstellung im Atelier am Wohnort.
Für seine Kunstwerke benutzt Erwin Würth vorwiegend hölzernes Strandgut, aber auch heimische Hölzer aus dem Pfälzer Wald.
Bäume mit krankhaften Wucherungen und Wuchsfehlern kommen durch seine Kompositionen neu zur Geltung. Überflüssiges, Weggeworfenes, scheinbar Nutzloses erwacht zu „neuem Leben“.

Petra Würth

geboren 1966 in Kaiserslautern, ist gelernte Krankenschwester und arbeitet seit 1989 als Hausfrau und Mutter.
Sie entdeckte 1996 ihre Begabung, Situationen und Gefühle in prägnante Worte zu fassen. Seitdem schreibt sie Texte zu den Holzobjekten von Erwin Würth und veröffentlichte verschiedene Bücher mit Texten und zum Teil eigenen Fotos im Kawohl Verlag Wesel.
Veröffentlichungen von Petra und Erwin Würth:
Kreuzwege – der Kreuzweg Jesu in 15 Stationen, Ostfildern 1997
Licht und Schatten – 2000 Jahre Christentum, Wesel 2001
Aufbruch und Verheißung – 24 Bilder und Texte zum Advent, Eigenverlag
Und nichts ist mehr, wie es war (Petra Würth), Wesel 2001
Gute Wünsche zum Geburtstag (Petra Würth), Wesel 2003

„Zu neuem Leben“ ist das Motto unter das Petra und Erwin Würth ihre gemeinsame Tätigkeit gestellt haben. Das ist für beide Widerstand gegen eine weitverbreitete Gleichgültigkeit und Resignation im menschlichen Miteinander, Protest gegen die Wegwerfgesellschaft, Wegweisung, wie mit der Schöpfung umgegangen werden könnte und nicht zuletzt Ausdruck ihres Glaubens.
Im heimischen Atelier in Petersbächel kann die HolzArt in einer ständigen Ausstellung besichtigt werden. Gruppenführungen „Vom Baumstamm zum Kunstwerk“ sind nach Terminabsprache an allen Wochentagen möglich.
Verschiedene Ausstellungen können gebucht werden, bitte im Atelier erfragen.

www.wuerth-holzart.de
Petra und Erwin Würth
Sandbuckel 2 – 66996 Petersbächel
Telefon (0 63 93) 12 43